Apprends à pardonner

La plus belle promesse de liberté

Du même auteur

Aux éditions Philippe Rey

L'Évangile selon saint Loubard (repris chez Points)
L'Évangile, une parole invincible (repris chez Points)
Rallumez le feu ! (repris au Livre de Poche)
Et si on parlait de tes mômes ?
Réussis ta vie !
Mes plus belles prières
Ose l'amour !
Face à la souffrance
Lutte et aime, là où tu es !
La magie des animaux

Aux éditions Stock (repris au Livre de Poche)

Un prêtre chez les loubards
La rue est mon église
Des jeunes y entrent, des fauves en sortent
L'Espérance aux mains nues
Aventurier de l'Amour
Avec mon aube et mes santiags
Les petits pas de l'Amour
Jusqu'au bout !
Dieu mon premier Amour
Des loups dans la Bergerie
Dealer d'Amour
Passeurs de l'impossible
Ma religion, c'est l'Amour
Kamikaze de l'espérance
Et si je me confessais

Aux éditions Salvator (repris chez J'ai Lu)

Cris de jeunes

Aux éditions des Béatitudes

Chemin de croix
Le plus bel album de famille : le rosaire
Les mystères lumineux du rosaire

Aux éditions du Livre ouvert

La violence… un appel ?
Lutte, prie et aime

Aux éditions Coccinelle (bandes dessinées)

Aimer à tout casser
Des loups à Faucon

Guy Gilbert

Apprends à pardonner

La plus belle promesse de liberté

Philippe Rey

Si tu veux m'écrire, fais-le par le biais de mon éditeur. Si tu savais comme tu m'aides en me critiquant ou en m'engueulant. Ma plume alors s'enrichit.
Merci.

Ton frère

7, rue Rougemont - 75009 Paris

www.philippe-rey.fr

Introduction

Le pardon comme pain quotidien... Le « Notre Père » est très explicite là-dessus, magnifique : « Pardonne-nous nos offenses comme nous pardonnons à ceux qui nous ont offensés. » Nous avons autant besoin de pain que de pardon, autant de pardon que de pain. Sans cesse nous avons besoin de pardonner et d'être pardonné, que ce soit dans un couple, dans la famille, dans la vie professionnelle, dans les communautés religieuses, dans la vie sociale et politique. C'est un élément très important de notre société, de nos rapports humains. Partout, dans l'Évangile, nous rencontrons le pardon ; ce thème revient tout au long, et notamment dans l'Évangile de saint Matthieu. « Car si vous pardonnez aux hommes leurs fautes, votre Père céleste vous pardonnera aussi, mais si vous ne pardonnez pas aux hommes, à vous non plus votre Père ne pardonnera pas vos fautes. »

Si vous saviez le nombre de lettres que je reçois, dans lesquelles les gens me disent ne pas savoir pardonner ! Pourtant, l'Évangile est simple, direct et radical. Ce n'est pas un petit feu, c'est un brasier. Ses impératifs sont clairs : « Pardonne à l'infini. Écoute l'autre. Respecte-le. Va vers celui ou celle dont personne ne veut. »

Sans le pardon, nul amour n'est possible. « Aimer, c'est pardonner. » Nous devons pardonner soixante-dix-sept fois sept fois, dit Jésus. Dieu a tant besoin d'êtres de lumière qui osent dire : « Je te pardonne » ou : « Je te demande pardon ». Il faut pardonner tout et à tous… Évidemment, bonjour l'angoisse !

Oui, c'est de la folie, c'est un scandale que devoir aimer ses ennemis ! Notre religion est l'une des plus exigeantes au monde, ses préceptes sont dingues : « Aimez vos ennemis… » Avant le Christ, dans l'Ancien Testament, la doctrine était : tu m'envoies ton poing dans la gueule, je t'en retourne un. Œil pour œil, dent pour dent. Le Seigneur est venu bouleverser radicalement cette loi : rends le bien pour le mal. C'est cela, être chrétien, c'est s'engager sur un chemin jonché de pierres. Vivre en chrétien, ce n'est pas suivre son « petit bonhomme de chemin », mais celui qui conduit au Paradis, peuplé des amoureux fous de Dieu.

Alors pardonnez à fond la caisse, de tout votre cœur, du fond du cœur, complètement. N'ayez crainte, le Seigneur vous attend sur sa tour. Le pire de tout, c'est de penser que le Seigneur ne nous attend pas, ne nous pardonnera pas. Mais il le fera totalement, il nous attend. C'est prodigieux.

Heureusement, le chemin est semé d'indications, d'exemples, de conseils et de prières.

> *L'homme qui pardonne ou qui demande pardon comprend qu'il y a une vérité plus grande que lui.*
>
> Jean-Paul II

Fais ce que la justice ne peut faire

Nous avons un désir naturel de vengeance. Nous sommes marqués par le trop fameux : « Œil pour œil, dent pour dent ». Nous voulons que le criminel paie au centuple son crime. Heureusement qu'il existe des tribunaux, sinon chacun sortirait son canon antichars et bombarderait son voisin !

Aller plus loin

Définir la responsabilité d'un acte est important. Il faut évaluer les circonstances atténuantes... et penser à la réinsertion possible. En théorie, la prison n'est pas faite pour écraser l'individu, mais pour l'amener à prendre conscience de son acte. Ensuite, il faut l'aider à se réinsérer... Malheureusement, la réalité est tout autre.

On parle beaucoup de « travail de deuil ». Tant que le mec n'a pas été condamné à perpétuité pour son geste, les proches des victimes n'auraient pas les moyens, dit-on, de faire leur travail de deuil…

Je suis du côté des victimes, mais pas au point de vouloir que le coupable paie « cash ». Il faut connaître toute la misère qu'il y a derrière son crime ou son délit. C'est un point crucial. Raison pour laquelle les « peines planchers » qui tombent automatiquement sur les multirécidivistes sont aberrantes.

Les circonstances atténuantes peuvent être déterminantes. Je l'ai mille fois constaté chez les lascars qui me sont confiés dès l'âge de treize ans pour des délits parfois très graves. Je me dis toujours que, si j'avais eu la même enfance qu'eux, j'aurais peut-être commis les mêmes actes. Et que s'ils avaient connu comme moi une enfance merveilleuse auprès d'une mère et d'un père aimants, ils auraient cheminé sur la route de l'Amour.

Notre société est de plus en plus cruelle, lynchant sans pitié celui ou celle qui est tombé(e). Le mot « irrécupérable » est le mot le plus inhumain. Il blesse, il tue l'humain. Le chrétien a le devoir de dissocier le péché du pécheur. C'est une tâche essentielle. « On est toujours plus grand que ses fautes » : cette phrase, si nous la respectons vraiment, nous libère du mal intérieur qu'est la haine.

Canoniser un criminel…

Je me souviens encore des yeux pétillants de Jean-Marie Lustiger, l'archevêque de Paris, quand il me fit part de son désir de faire ouvrir le procès en canonisation de Jacques Fesch, guillotiné en octobre 1957 pour un braquage au cours duquel un policier fut tué. Je lui avais répondu que c'était une bonne chose pour les pécheurs que nous sommes, pour les criminels repentis et tous ceux et celles que nous excluons à vie en punition de leurs méfaits.

Justice sans amour… du vent

Au royaume des hommes, quand quelqu'un a gravement fauté, il risque la prison jusqu'à la fin de ses jours. L'État justicier fait son boulot, mais il reste enfermé dans cette justice. Je me contenterai de solliciter simplement, au nom des prisonniers, qu'ils aient au moins une cellule individuelle et que l'on respecte leurs droits. La cellule d'un mitard de Fleury-Mérogis mesure 4,15 mètres carrés. Dans les chenils, l'espace minimum pour un clébard est de 5 mètres carrés !

Une justice sans amour est une justice méprisable. Une justice sans amour n'est que du vent. La seule punition ne les guérit pas, n'aide pas à leur réhabilitation.

Imaginez un système judiciaire qui laisserait place au pardon ! La présence de chrétiens et de croyants d'autres confessions dans les prisons est très importante. Ce n'est pas Nicolas, du haut de sa Présidence, qui dira : « Pardonne et aime ton ennemi. » Mais le chrétien peut le dire, parce qu'il a ses propres règles.

L'Église apporte l'amour dans les prisons.

Les parents qui enterrent leur petite fille violée et tuée ne supporteraient évidemment pas que l'État déclare le bourreau de leur enfant « plus grand que ses fautes ». Mais le chrétien, lui, peut le dire.

Il n'y a pas de monstres sur terre

J'étais en prison. Je serrais la main d'un homme qui avait violé et tué un enfant. Horreur irrépressible ! « Quoi qu'il ait fait, il est ton frère, à toi chrétien, me répétais-je. Cette main que tu serres, c'est la main du Christ. »

Tout être humain est capable de commettre des actes épouvantables. J'ai aimé ce qu'a dit bellement l'avocat du tueur en série Guy Georges : « Vous n'êtes pas né psychopathe, Guy Georges, vous l'êtes devenu par le fait des humains. Abandonné par vos parents, vous n'étiez rien. Adopté, là encore vous n'étiez rien. Alors, tout a dérapé pour vous. »

Le langage chrétien permet de dépasser les actes les plus affreux et de ne pas ajouter une deuxième souffrance à la première. La première souffrance, terrifiante, est celle des parents des victimes. La deuxième est la haine indicible que l'on peut éprouver à l'égard du criminel, et qui nous brûle et nous consume avec lui. Se nourrir de la haine de l'autre, c'est condamner l'humanité à un enfer. Il n'y a pas de monstres sur terre. Il y a seulement des êtres humains qui ont commis des actes monstrueux.

Oxygéner le monde

Le pardon accordé au criminel n'est pas une démission. Le pardon ne supprime pas les conséquences d'un acte. Pardonner à un meurtrier ne ramène pas la victime à la vie. Le pardon n'est pas un acte de justice, mais une démarche d'amour pour la réhabilitation de l'être de l'offenseur. C'est un moyen de le dissocier du mal qui l'habite. Dire au pire des criminels qu'on l'aime…, marteler que « tout être est toujours plus grand que ses fautes » est essentiel pour oxygéner le monde.

Dans les dernières pages de son autobiographie, Mandela écrit que « l'opprimé et l'oppresseur sont tous deux dépossédés de leur humanité ». C'est en vertu de cette profession de foi qu'il créa la « Commission de la vérité et de la réconciliation » dont la mission était d'enquêter sur les crimes commis pendant l'apartheid. Il confia la présidence de la commission à Mgr Desmond Tutu. Il ne s'agissait pas de « passer l'éponge », mais d'accorder l'amnistie à titre individuel en échange d'aveux complets. En deux mots : la Liberté contre la Vérité ! Au plan judiciaire, le résultat fut, hélas, mitigé. Comme toujours, les petits, les gens du peuple, avouèrent leurs crimes, mais peu de hauts responsables, dont l'ancien président P. W. Botha, acceptèrent de reconnaître les leurs.

Quand on pardonne, quelque chose se produit, qui peut permettre à l'offenseur de prendre conscience de sa conduite, et de changer de comportement et d'attitude intérieure. Mais le pardon a surtout pour vertu de nous libérer nous-même, d'être en paix avec nous-même. Si la « Commission de la vérité et de la réconciliation » n'a pas fait changer l'autre, elle a du moins permis à l'offensé de prier pour lui.

Pardon et vérité

La paix est une promesse : on exprime son refus de se venger. Mais ce n'est pas forcément le pardon. Les hommes souhaitent la paix sur la terre entre les peuples, ils parlent de réconciliation, jamais de pardon. Pourquoi ? Parce que c'est réveiller le passé ! Et pourtant, les hommes ne parviendront jamais à la réconciliation tant qu'ils ne passeront pas par le pardon et la reconnaissance des souffrances qu'ils se sont infligées les uns aux autres. Il faut toujours que la vérité soit dite.

L'éveil au monde

Si tous les foyers, croyants ou pas, communiaient avec ce qui se passe dans le monde, bien des drames seraient évités. On ne doit pas être celui ou celle qui donne, mais celui ou celle qui porte.

Nous ne sommes pas des justes parmi des pécheurs, nous ne sommes pas des surdoués parmi des cons, des diplômés parmi des incultes ou des innocents parmi des coupables, nous sommes des pardonnés. Nous qui avons la chance d'être appelés à croire devons partager notre croyance : la foi est un bien qui ne nous appartient pas, il est disponible aux autres.

Annoncez Dieu par la bonté, parce que la bonté éveille au sens de Dieu. Effectuez des actes de bonté gratuite, vous éveillerez au sens de Dieu, toujours.

La bonté désarme tout, vainc tout. Parce qu'elle est reflet de Dieu.

> *Le pardon n'est pas au bout du chemin, il est le chemin.*
> Françoise Chandernagor

Guérir

Grave souffrance que ressentent beaucoup de détenus : notre justice ne cherche pas à guérir, mais à se venger. Guérir quelqu'un, c'est lui apporter, avec le réconfort, ce qu'il faut pour qu'il aille mieux. Se venger, c'est donner au condamné une occasion supplémentaire de haïr et de se venger à son tour. Le comportement vengeur de la justice ne fait que conforter sa vision d'un monde féroce et violent. Notre justice reste totalement inadaptée, sauf si le juge a du cœur, du bon sens, et un solide amour de la personne humaine.

Le juge devrait savoir sortir des sentiers battus. Ne jamais s'habituer à la souffrance de l'accusé, les deux mains crispées à la barre, incapable d'exprimer pourquoi il a agi comme il l'a fait. C'est un combat difficile, car comment se tenir du côté de la victime sans pour autant écraser l'agresseur ? Il faut avoir le pardon en soi. Si le juge n'a pas ce regard sacré, il restera convaincu que l'accusé est coupable d'être ce qu'il est et son jugement sera impitoyable. S'il l'a, ce regard, alors il ne « jugera » jamais, parce qu'il gardera intactes, derrière l'acte le plus abominable qu'il aura à juger, l'image de ce qu'a de meilleur celui qui l'a commis.

Pardon pour les prisonniers

On a retrouvé Julien pendu dans sa cellule. Il avait déjà fait une tentative de suicide : le week-end précédent, il avait mis le feu à ses vêtements. Mais l'administration pénitentiaire n'en avait pas tenu compte. Pour toute réponse, on lui avait supprimé son parloir de famille. Il devait être transféré dans un centre d'éducation fermé, on l'avait mis en attente.

On a supprimé beaucoup de ces centres. Les surveillants ne pouvaient plus gérer la violence qui s'y développait. Des années plus tard, on pense avoir trouvé un remède à la délinquance en emprisonnant les mineurs à part et entre eux… Mais c'est toujours la prison !

Julien était un adolescent fragile. Je crois que nous devons lui demander pardon, ainsi qu'aux autres suicidés de nos prisons françaises, considérées parmi les pires d'Europe.

L'autre est un extraordinaire possible

Le Seigneur voit toujours dans celui qu'il rencontre un extraordinaire possible. Il lui arrive de discerner en l'autre quelque merveille secrète dont la contemplation le plonge dans l'action de grâces.

Il ne dit pas : « Ce Judas ne sera jamais qu'un traître. » Il l'embrasse et lui dit : « Mon ami. »

Il ne dit pas : « Ce fanfaron n'est qu'un renégat. » Il lui dit : « Pierre, m'aimes-tu ? »

Il ne dit pas : « Ces grands prêtres ne sont que des juges iniques, ce roi n'est qu'un pantin, ce procurateur romain n'est qu'un pleutre, cette foule qui me conspue n'est qu'une plèbe, ces soldats qui me maltraitent ne sont que des tortionnaires. » Il dit : « Père, pardonne-leur, car ils ne savent pas ce qu'ils font. »

Jésus n'a jamais dit : « Il n'y a rien de bon dans celui-ci, dans celui-là, dans ce milieu-ci, dans ce milieu-là. » De nos jours, il n'aurait jamais dit : « Ce n'est qu'un intégriste, qu'un moderniste, qu'un gauchiste, qu'un fasciste, qu'un mécréant, qu'un bigot… » Pour lui, les autres, quels qu'ils soient, quels que soient leurs actes, leur statut, leur réputation, sont toujours des êtres aimés de Dieu.

Jamais homme n'a respecté les autres comme cet homme. Il est unique. Il est Fils unique de Celui qui fait briller Son soleil sur les bons et les méchants.

Cardinal Albert Decourtray

Quelques folies exemplaires

La haine et la vengeance dévorent. Le pardon apaise. Tant de personnes aujourd'hui se consument dans la rancune. Bourrées de cachets, elles survivent. Prends plutôt le cachet du pardon et tu dormiras bien.

« Confie-moi un de tes gars ! »

Je me souviens d'un homme dont la fille avait été violée, puis assassinée. Il était dévoré de haine. Par la suite, il s'est occupé des jeunes de notre Bergerie comme stagiaires maître-chien. Il avait trouvé là, sans qu'il en ait conscience, une façon de pardonner à celui qui avait causé son malheur. Il me demandait souvent : « Confie-moi un de tes gars ! »

Manière superbe de dire que cet ennemi qui avait tué sa fille ne l'avait pas détruit, lui, et que grâce à cela il évitait à d'autres de tels malheurs.

Et puis un jour il m'a dit : « Guy, j'ai trouvé la paix. »

À douleur sans nom, un amour qui se dit

Un mec était passionnément amoureux d'une femme de vingt-deux ans, d'un amour sauvage. Si quelqu'un regardait trop attentivement sa gonzesse, il voulait le tuer. C'est ce qui est arrivé : sauf que c'est sa gonzesse qu'il a assassinée. Elle, qu'il pensait aimer le plus au monde, il l'a tuée…

Il a été jeté en prison, évidemment.

Les parents de la victime sont allés le voir au parloir, discuter avec lui. Essayer de comprendre. Puis ils ont fait quelque chose d'incroyable : ils l'ont accueilli à sa sortie. Ils lui avaient préparé une chambre. La presse en a beaucoup parlé : « Ils sont fous », pouvait-on lire. Ils étaient fous, en effet, fous de Dieu. Aux journalistes, ils ont simplement répondu qu'ils étaient chrétiens. « C'est une douleur sans nom que cet homme nous a causée, ont-ils répondu, et nous lui pardonnons. »

> *En disant pardon deux fois, tu ne donnes pas le pardon deux fois, mais tu le rends deux fois plus solide.*
>
> Shakespeare

Main dans la main

Cet homme avait voulu tuer sa femme et se suicider. Il s'était manqué et l'avait rendue aveugle. Il fut jugé et emprisonné. La femme lui pardonna devant tout le tribunal. Quand sa peine de prison fut terminée, ils sortirent main dans la main… Quelle folie !

Il déclara qu'il consacrerait le reste de sa vie à l'aimer, à l'aider et à la guider.

La salle d'Outreau était comble

Les applaudissements crépitaient à l'arrivée des six innocents ayant fait appel dans la terrible affaire judiciaire d'Outreau. Leurs yeux brillants laissaient deviner le terrible calvaire qu'ils avaient vécu. Parmi eux, Dominique Wiel, le prêtre inculpé pour pédophilie, emprisonné puis acquitté. Je lui écrivais depuis des années, par solidarité sacerdotale vis-à-vis d'un frère qui m'avait vrillé le cœur par son cri sans cesse répété : « Je suis innocent. »

« Guy, il arrive quelquefois que, sur la route des hommes, nous ayons à vivre l'injustice », m'avait-il écrit. Il était tabassé, il était injurié : « Sale curé pédophile ! »

Être là, au milieu de la foule des petites gens qui explosaient de joie, fut pour moi un grand moment.

La présence de la sœur de l'accusé qui, lui aussi innocent, s'était suicidé en prison ajoutait une émotion dramatique à cette fête.

« J'attends des excuses de la part de ceux qui nous ont envoyés en prison », demanda le père Dominique Wiel.

Le prêtre ne réclamait ni sanctions ni réparation après les trente mois d'incarcération pour un crime qu'il n'avait pas commis. Des excuses, simplement. Dominique Wiel signifiait par là qu'il ne tenait pas ses bourreaux pour responsables. « Père, pardonnez-leur parce qu'ils ne savent pas ce qu'ils font ! »

Faire mal involontairement ne réclame pas le pardon, mais des excuses. Au contraire une offense volontaire est inexcusable, même si elle a une explication. Pour une telle faute, il ne reste que le pardon.

« Même les bourreaux ont une âme »

On connaît l'histoire de Maïti Girtanner, cette Suissesse qui, quarante ans après la fin de la Seconde Guerre mondiale, retrouve son bourreau, un médecin SS qui s'était livré sur elle à des « expériences ».

Maïti Girtanner, jeune femme promise à une grande carrière musicale, était entrée en résistance à dix-huit ans quand les Allemands occupèrent la France. En 1943, elle était arrêtée par la Gestapo. Les sévices infligés par son bourreau lui occasionnèrent toute sa vie des souffrances intolérables qui lui interdirent à tout jamais de reprendre le piano, sa passion.

Cet ancien médecin nazi avait voulu la rencontrer parce qu'il se savait atteint d'une maladie incurable.

Même si les actes de résistance de Maïti Girtanner sont en soi une formidable foi en l'humain, c'est son pardon qui entrera dans l'Histoire.

Durant les années terribles de solitude qu'elle vécut après la guerre, elle eut le désir fou de pardonner à son bourreau pour ne pas être détruite, cette fois, dans son âme. Pendant quarante ans, elle pria pour son tortionnaire. Jusqu'au jour de 1984 où elle reçut de lui un coup de téléphone. Elle reconnut la voix. Elle accepta de le voir.

Elle lui parla de l'Amour de Dieu. « Au moment de partir, raconte Maïti Girtanner dans son livre *Même les bourreaux ont une âme*, il était debout, à la tête de mon lit, un geste irrépressible m'a soulevée de mes oreillers alors que cela me faisait très mal et je l'ai embrassé pour le déposer dans le cœur de Dieu. Et lui tout bas m'a dit : “Pardon.” C'était le baiser de la paix qu'il était venu chercher. À partir de ce moment-là, j'ai su que j'avais pardonné. »

Une vieille femme

Je me souviens d'une vieille femme, attaquée par un jeune homme qui lui avait volé son sac à main et l'avait légèrement blessée. Au procès, elle se mit à pleurer car elle comprenait la détresse immense de son agresseur. Elle ne demanda pas de dommages et intérêts. Elle n'excusait pas le geste du voleur, mais elle pardonnait. Le mal est le mal, mais on peut essayer de comprendre celui qui l'a commis.

Brûlée au napalm

Il y a des pardons exemplaires : la petite fille brûlée au napalm lors de la guerre du Vietnam a fait toutes les unes des journaux. Devenue femme, à trente ans, elle voulut connaître l'officier qui avait commandé ce bombardement. Celui-ci était devenu pasteur, et elle-même avait trouvé le Christ. Ils se sont embrassés, ce fut un moment merveilleux. Le Christ n'a jamais dit à ses bourreaux : « Je vous pardonne », mais : « Père, pardonne-leur. » C'est ainsi qu'on peut trouver la force de pardonner. Il ne s'agit pas d'un acte de volonté, c'est un acte d'amour que Dieu seul peut nous inspirer. Le pardon ne change pas, ou pas toujours, l'autre. La vraie force, c'est d'aimer profondément.

Une simple femme

Marie dut pardonner à ces onze hommes choisis par son Fils, si proches de lui : à celui qui l'avait « donné », à ceux qui l'avaient déserté, à celui qui l'avait renié. Elle dut pardonner à ceux qui l'avaient jugé, à ceux qui s'étaient moqués de lui, qui avaient craché sur lui, qui l'avaient insulté, bafoué, frappé, flagellé, couronné d'épines. À ceux qui l'avaient cloué sur la Croix…

Aimer sans mesure

« Pardonne-nous nos offenses, comme nous pardonnons aussi à ceux qui nous ont offensés. » La seule prière que Jésus-Christ ait apprise à ses disciples est le « Notre Père », que trop souvent à la messe nous expédions sans y réfléchir.

Le dernier des hommes

Soyez des êtres de miséricorde. Si vous n'avez pas la force de pardonner, demandez aide à Dieu. Une femme avait vu sa fille tuée, étranglée. Elle était rongée de haine. Elle me disait qu'elle ne pourrait jamais pardonner, mais qu'elle aimerait pouvoir le faire. Je lui ai répondu de demander à Dieu. Quand nous ne pouvons plus pardonner, nous pouvons demander à Dieu de le faire. Et Il mettra dans notre cœur le pardon qui n'y est pas.

Cette femme s'est mise à pleurer. Je me souviens de ses larmes. Je lui avais donné la réponse qu'elle attendait. Je lui ai répété de supplier Dieu pour qu'Il pardonne. Elle a pu retrouver la paix, je crois, en priant Dieu, à chaque bouffée de haine, de pardonner à sa place.

Pardonner à son pire ennemi

« Père, pardonne-leur. Ils ne savent pas ce qu'ils font. » Voilà ce que disait le Christ tandis qu'on enfonçait des clous dans ses pieds et ses mains. Cette parole est bouleversante. Le Seigneur n'a pas dit : « Je leur pardonne. » Pourquoi ? Parce que le Christ est humain ! Ils l'ont frappé et torturé avec des instruments ignobles qui lui arrachaient la chair. Il ne pouvait plus dire : « Je leur pardonne. » Mais il demande à son Père de le faire à sa place. Et il les excuse : « Ils ne savent pas ce qu'ils font. »

Lorsque je rencontre des gens qui me disent : « Je ne peux pas pardonner à ce salaud, ce fumier, cette ordure ! », je leur réponds que je comprends très bien leur rancune ; puis je leur suggère de demander à Dieu de pardonner à leur place.

J'ai eu des réponses formidables de la part de ceux qui se sont adressés à Dieu. Jésus nous donne la certitude du pardon. Nous sommes catholiques, nous allons à la messe et nous disons : « Pardonne-nous nos offenses comme nous pardonnons à ceux qui nous ont offensés. »

Nous récitons ces mots à chaque messe, mais les mettre en application est autre chose. C'est la force du sacrement de réconciliation.

S'il y a des pénitentes ou des pénitents devant moi, je leur dis que je les absous au nom du Père et du Fils et du Saint-Esprit. Ils s'en retournent légers comme le vent, blancs comme des colombes.

Tel est le don du pardon.

La non-violence est infiniment supérieure à la violence, le pardon est plus viril que le châtiment. Le pardon est la parure du soldat.

Gandhi

Il y a tant de façons d'aimer

Derrière le mot « amour » se cachent bien des choses : la passion amoureuse liée au désir sexuel ; l'amour-amitié ; et l'amour supérieur auquel nous convie Dieu : l'amour… des ennemis ! Cet amour-là est spirituel : il n'est pas ressenti. On n'en a pas une sensation immédiate. C'est quelque chose que l'on décide, que l'on choisit. Par exemple, cette personne que vous ne pouvez pas supporter ou qui vous veut du mal, faites un effort de volonté pour l'aimer. Le Seigneur nous le demande, ce n'est pas facile, mais Sa grâce nous motive.

« M'aimes-tu ? »

L'amour des ennemis est le plus divin. Il se reconnaît justement à ce qu'il ne dépend pas de nous. Si Dieu n'est pas derrière nous pour nous élever, nous resterons à terre. C'est Lui qui nous donne la possibilité de mettre cet amour en œuvre.

Dans l'Évangile (Jean XXI, 15), nous retrouvons cette question. Le Christ demande par trois fois à Pierre : « M'aimes-tu ? » En lui-même, le Christ devait se dire : « Toi, mon pote, toi qui vas me trahir, toi qui veux toujours paraître mieux que les autres et te mettre sans cesse au premier rang… » Eh bien, il lui demande par trois fois : « M'aimes-tu ? » Et Pierre lui répond en employant le mot *philos*, c'est-à-dire l'amour-amitié. La troisième interrogation annonce le martyre. Est-il prêt à mourir pour le Christ ? Sa vie d'apôtre en dépendra.

À pas de géant

Aimez le plus pauvre en amour, celui ou celle que tout le monde évite, à qui personne ne parle. Penchez-vous sur le dernier des hommes. Priez pour les hommes de mauvaise volonté.

Si vous allez d'abord vers l'étranger que vous ne « sentez pas », vous faites avancer le monde à pas de géant. Je me fiche qu'on ait débarqué sur la lune, si on n'est pas capable d'accepter les voisins de son immeuble.

Si vous faites l'effort d'aller toujours vers celui ou celle que vous ne sentez pas bien, alors vous deviendrez grand(e) dans l'amour.

Être infiniment

« Mon sac à main m'a été volé dans le métro. C'est pas pour l'argent que j'avais, je ne suis pas riche, mais les photos étaient sans prix pour moi, m'écrit une femme. J'ai promis, si je les retrouve, d'offrir l'argent qui a disparu à vos jeunes. »

L'offrande faite à mes jeunes délinquants, frères de ceux qui avaient dérobé son portefeuille, c'est le don du pauvre qui pardonne et même remercie ceux qui ont épargné l'essentiel. Ces pauvres capables d'aimer me redisent chaque fois que la mesure du don, et du pardon… est justement d'être sans mesure.

Ceux qui vous ont trahi

« Je suis inculpé de complicité de meurtre, m'écrit un détenu du fond de sa cellule. Je suis innocent. Malheureusement, mon meilleur copain m'a mouillé dans son affaire parce que, justement, je ne voulais pas y participer. Il m'a trahi. Selon ma foi de chrétien, je dois l'aimer ! Est-ce possible ? »

Je vais tenter de te répondre, Jean !

Je me suis fait agresser, un jour, par un mec qui,

voulant m'escroquer, n'a pas supporté que je résiste. C'est en regardant dans la glace mon visage meurtri que j'ai appris à l'aimer. Ça n'a pas été évident les premiers jours.

Quand j'ai appris par un surveillant qu'un jeune mineur en prison, après avoir craché à la figure d'un maton qui l'avait malmené, avait été dépouillé de ses vêtements, conduit nu au mitard et bourré de coups, des bouffées de haine m'ont assailli. Il m'a fallu m'accrocher à mon bréviaire, le soir, pour demander au Seigneur que cette haine se taise en moi.

Quand je vois le tiers-monde affamé et les fortunes qui se bâtissent sur cette faim, je vois rouge. Seuls, la prière et mon combat de tous les jours me permettent d'espérer, d'avancer « sans haine, sans armes et sans violence ».

Voilà, Jean, quelques réponses. Notre vocation est celle de l'amour et du pardon. Aimer ceux qui vous ont trahi, c'est une des plus belles aventures (et des plus difficiles) qui soient.

Alors, viendra la paix…

Si tu crois qu'un sourire est plus fort qu'une arme,
Si tu crois à la puissance d'une main offerte,
Si tu sais regarder l'autre avec un brin d'amour,
Si tu sais préférer l'espérance au soupçon,
Si tu estimes que c'est à toi de faire le premier pas,

Si tu peux te réjouir de la joie de ton voisin,
Si pour toi l'étranger est un frère qui t'est proposé,
Si tu sais donner gratuitement
Un peu de ton temps par amour,
Si tu peux accepter qu'un autre te rende service,
Si tu partages ton pain
Et que tu saches y joindre un morceau de ton cœur,
Si tu crois qu'un pardon va plus loin qu'une vengeance,
Si tu peux écouter le malheureux
Qui te fait perdre de ton temps
Et lui garder le sourire,
Si tu sais accueillir un avis différent du tien,
Si pour toi l'autre est d'abord un frère,
Si tu crois que la PAIX *est possible*
Alors viendra la paix !

Pierre Quilbert

Porter sa famille

On ne peut pas « supporter » très longtemps sans conflit les membres de sa famille (parfois invivables), mais on peut les « porter ». Sainte Thérèse nous demande non de supporter l'autre, mais de le porter et de transcender l'amour de nos semblables. Elle nous pousse à aimer surtout « ceux que l'on n'aime pas ». C'est ce qui rend l'amour le meilleur possible.

N'oublie pas : seul l'amour vaincra les forces de haine, de vengeance, le refus de pardonner ou d'accepter l'autre comme il est. Aime à tout casser. Ne mets personne dans tes poubelles familiales.

Si tu fais l'effort d'aller toujours vers celui ou celle que tu ne sens pas bien, alors tu deviendras grand(e) dans l'amour.

Le Paradis maintenant

Dans la Genèse, le Paradis est représenté comme un jardin luxuriant où tout est donné en abondance. L'Apocalypse parle d'une Jérusalem éternelle, nouvelle, où Dieu essuiera les larmes : il n'y aura plus de deuil, ni de cris, ni de souffrance. Toutes les représentations du Paradis comportent cette même condition : vivez la paix et la joie sur terre, la communion.

Le Paradis est maintenant. J'ai l'exemple d'une famille dont la belle-fille avait été si insolente que les parents n'avaient pas voulu assister au mariage. Ils me disaient combien c'était dur pour eux, d'autant que leur fils ne voulait plus leur parler. Nous pouvons commettre des impairs importants qui nous font vivre sur la terre un petit enfer… à moins de pardonner et de demander pardon !

Si nous aimons les autres à tout casser, si nous avons le sens du partage, si nous regardons l'autre, alors nous serons des êtres de lumière et le Paradis sera ici et maintenant.

Les foulards blancs

C'est une histoire vraie. Et que j'aime à répéter, inlassablement.

Jean, vingt ans, avait fait une saloperie immonde à ses parents.

Alors son père lui dit : « Jean, fous le camp ! Ne remets plus jamais les pieds à la maison ! »

Jean est parti, la mort dans l'âme.

Et puis, quelques semaines plus tard, il se dit : « J'ai été la pire des ordures ! Je vais demander pardon à mon vieux… Oh oui ! Je vais lui dire : pardon. »

Alors, il écrit à son père : « Papa, je te demande pardon. J'ai été le pire des pourris et des salauds. Mais je t'en prie, papa, peux-tu me pardonner ? Je ne te mets pas mon adresse sur l'enveloppe, non… Mais simplement, si tu me pardonnes, je t'en prie, mets un foulard blanc sur le pommier qui est devant la maison. Tu sais, la longue allée de pommiers qui conduit à la maison. Sur le dernier pommier, papa, mets un foulard blanc. Alors je saurai que je peux revenir à la maison. »

Mort de peur, il pensait : « Jamais papa ne mettra ce foulard blanc. » Alors, il appelle son ami, son frère, Marc et dit : « Je t'en supplie, Marc, viens avec moi. Voilà ce qu'on va faire : je vais conduire jusqu'à cinq cents mètres de la maison et je te passerai le volant. Je fermerai les yeux. Lentement, tu descendras l'allée bordée de pommiers. Tu t'arrêteras. Si tu vois le foulard blanc sur le dernier pommier devant la maison, alors je bondirai. Sinon, je garderai les yeux fermés et on repartira. Je ne reviendrai plus jamais à la maison. »

Ainsi dit, ainsi fait. À cinq cents mètres de la maison, Jean passe le volant à Marc et ferme les yeux. Lentement, Marc descend l'allée des pommiers. Puis il s'arrête. Et Jean, les yeux toujours fermés, dit : « Marc, mon ami, mon frère, je t'en supplie, est-ce que mon père a mis un foulard blanc dans le pommier devant la maison ? »

Marc lui répond : « Non, il n'y a pas un foulard blanc sur le pommier devant la maison… Il y en a des centaines sur tous les pommiers qui conduisent à la maison ! »

Puissiez-vous, frères et sœurs, emporter dans votre cœur des milliers de foulards blancs ! Ils seront autant de miracles que vous sèmerez partout, en demandant pardon à ceux que vous avez offensés ou en pardonnant vous-mêmes.

Alors vous serez des êtres de miséricorde !

Frère et sœurs chrétiens, musulmans, juifs, bouddhistes, athées ou agnostiques, soyez des êtres de miséricorde. Que vos cœurs fourmillent de foulards blancs. Alors vous ferez des miracles, tous les jours.

Il aurait pu dire

Il aurait pu dire :
« Comment, tu m'as fait ça, à moi,
à moi ton père, moi qui me saigne pour toi ? »
Il aurait pu dire :
« Tu es la honte de la famille à courir les filles comme ça.
Sans travail, sans argent, sans logement. »
Il aurait pu dire :

« Moi, à ton âge, je travaillais déjà.
Je n'avais pas un sou pour faire la fête et j'étais heureux… »
Il aurait pu dire encore :
« Regarde dans quel état tu as mis ta mère. Elle n'en dort plus la nuit.
Ton frère, c'est autre chose, il est sérieux lui, au moins ! »
Mais il n'a rien dit de tout cela.
Il a seulement ouvert les bras, ouvert sa porte.
Lequel des deux a le plus changé ?

Robert Riber

Image et respect du père

Quand un jeune me dit du mal de son père, je lui réponds toujours : « Ne parle pas comme ça. Il est ton père, quoi qu'il en soit. Il t'a transmis la vie. »

J'ai connu un jeune homme qui voulait tuer son père.

« Écoute, lui disais-je, tu ne deviendras père toi-même que le jour où tu te seras réconcilié avec le tien. Sinon, tu pars bancal et tu ne seras jamais mieux que ce père que tu hais. Pour être un vrai père à ton tour, il te faudra toujours un espace de pardon. »

Il ne m'a plus jamais parlé de son désir de tuer. Un jour, ses parents sont venus me rencontrer et j'ai assisté à un moment extraordinaire de réconciliation. Le père, craignant d'approcher son fils, était comme pétrifié…

Et puis le fils lui a sauté au cou ! Pour l'embrasser, évidemment…

Rien n'a été dit. Tout était dit.

Parabole africaine

Sur un chemin escarpé, un homme rencontre une petite fille qui porte sur son dos un enfant presque aussi grand qu'elle.

« Tu as là un lourd fardeau, lui dit l'homme.

– Ce n'est pas un fardeau, c'est mon frère ! » lui répond la petite fille.

Les mots de cette enfant sont toujours restés gravés dans son cœur.

Désormais, quand les hommes le déçoivent et que le courage le lâche, l'homme se souvient : « Ce n'est pas un fardeau que je porte, c'est mon frère ! »

Pardon à mes lascars

Je ne dirai jamais, comme Jean-Paul Sartre, que « l'enfer, c'est les autres ». Mais parfois « l'ennemi est notre prochain le plus proche » : par exemple, cette personne de notre famille, de notre voisinage, de notre entourage professionnel, dont le visage même nous empêche, pensons-nous, d'aimer Dieu.

Pourtant, cette personne est un être de chair et de sang, un frère ou une sœur.

Comme ceux qui ont souffert s'y prennent mal pour exprimer l'amour qui leur manque ! Combien de fois l'ai-je constaté ! Répondre à la violence par la haine est la pire des choses. Répondre à la violence par l'amour, c'est pacifier l'autre.

Je vis quotidiennement avec de jeunes révoltés suicidaires. Ils expriment leur peine par des cris, parfois par des insultes ou des coups. Je me dis qu'ils sont à bout de souffrances. Si l'on ne comprend pas leur langage, leurs messages, on ne comprend rien à ce qu'ils sont.

Avec mes lascars, j'essaie toujours de mettre en valeur leurs qualités. Souvent, à cause d'eux je vis une descente en enfer. Quand un mec est jugé à Faucon, bonjour l'angoisse ! Mais je trouve toujours une qualité à celui qui vient de se faire punir.

Quand deux mecs s'affrontent parce qu'ils ne peuvent plus se sentir, je leur demande de s'asseoir un moment pour réfléchir et trouver une qualité chez l'autre. Après beaucoup d'hésitations, ils finissent par marmonner : « Il est travailleur », « marrant », etc.

Puis je leur demande comment des types pourvus d'aussi belles qualités peuvent continuer à se détester ! Et très vite, tout change : ils découvrent « un bon copain », « un vrai pote »…

Le pardon dans le couple

« Impossible de pardonner à qui nous a fait du mal, si l'on ressent que ce mal nous rabaisse, disait Simone Weil. Il faut penser qu'il ne nous a pas abaissés, mais a révélé notre vrai niveau. »

Dans tout pardon, il y a un travail de deuil. On espérait que l'autre nous aimerait comme on le souhaitait, qu'on l'imaginait ou le fantasmait, on en attendait tant. Ce n'est pas seulement notre amour qui a été touché. Quelque part, notre amour-propre aussi est meurtri. L'autre a déchiré le contrat, il a brisé la belle image que nous nous faisions de notre couple, de notre réussite. Voilà qu'il faut en faire son deuil. Apprendre à l'aimer autre parce qu'il est un autre, parce qu'il ne nous appartient pas ; se rendre compte que ce n'est pas nous-même qu'il a sali, mais l'amour de lui-même, qu'il lui faut aider à recouvrer. Il est un autre à redécouvrir.

Critiquer avec amour

Il en est du couple comme de la justice, de l'Église. À propos de la justice, on crie : « Justice injuste, justice partisane », etc. Combien de rancœurs ! J'en entends et j'en lis du matin au soir. L'Église est également critiquée, car l'Église n'est pas une communauté idéale, elle est bourrée de défauts.

L'Église est vouée à l'Évangile. C'est la réalité inévitable. Alors il faut s'accrocher pour l'aimer. Je suis entré dans l'Église il y a soixante ans. Imaginez ce que j'ai parfois enduré ! Nous pouvons la critiquer, nous pouvons lui reprocher beaucoup de choses, mais nous devons l'aimer. À Cologne, Benoît XVI a dit devant un million de jeunes : « Critiquez l'Église… avec amour. »

Faites de même envers votre conjoint.

Depuis que je suis dans l'Église, je n'ai pas ménagé mes reproches, mais je l'aime immensément ! Elle est faite d'hommes et de femmes, de pauvres pécheurs comme moi-même.

Je me souviens que saint Jean de la Croix disait que nous serons jugés à la mesure de nos jugements sur terre. Je prends exemple sur les êtres qui s'efforcent de voir le bon côté chez quelqu'un que l'on accuse.

Un combat journalier

Nous cherchons toujours des poux chez les autres.

Nous buvons du petit lait en constatant que notre prochain ne vaut pas la corde pour le pendre. Quant à nous, nous nous bardons d'avocats, le meilleur d'entre nous s'avérant être nous-même, capable de détecter le meilleur en nous, nos intentions pures comme une source, nos valeurs indiscutables et notre innocence jamais prise en défaut.

Quel combat journalier pour porter sur l'autre un regard neuf, un regard d'amour bienveillant ! Sans estomper ses défauts, quelle lutte pour chercher chez l'autre l'être de lumière enfoui dans un magma peu attirant, parfois repoussant ! Quelle joie de voir des yeux s'illuminer quand on repère la part de cristal dans un être et qu'on la lui révèle !

Demandons chaque jour à Dieu qu'Il change notre cœur quand nous détestons l'autre, et Il le fera.

Sainte Thérèse de l'Enfant Jésus a merveilleusement décrit le chemin de la charité parfaite. Il consiste d'abord à porter les défauts des autres – le seul moyen étant de bien connaître les siens d'abord. « Ensuite, dit sainte Thérèse, s'étonner de leurs faiblesses. » Ce qui sous-entend un a priori favorable à l'autre, d'où notre surprise quand on le découvre faible. « S'édifier des plus petits actes de vertu qu'on leur voit pratiquer », termine la sainte. Pour elle, ces trois points sont le secret de la charité parfaite.

Sac d'étoiles

Tu ne peux plus communiquer avec ta femme (ou avec ton mari). Ta crise à toi, c'est l'amour… bloqué loin du port où vous vous êtes juré fidélité.

On n'est jamais satisfait. En amour, c'est catastrophique. Sauf si on porte en soi une dynamique qui nous pousse haut, très haut, tout le temps de sa vie.

L'attention, l'écoute, les mille petits efforts pour accepter l'autre, lui dire son amour, sont les appuis les plus sûrs pour ne pas se casser la gueule. Un petit conseil, un énorme conseil : ne vous couchez jamais sans vous être demandé pardon l'un à l'autre. Sachez dire « pardonne-moi », ou « je te demande pardon ». Tant de couples se sont quittés parce qu'ils n'ont pas su se dire de tels mots.

Faites les gestes qui abattront les barrières. Soyez humble. C'est un sac plein d'étoiles qui arrivera au port.

Recevoir la guérison

Le pardon n'est pas possible si notre être intérieur n'a pas été guéri. Priez pour demander à Jésus de recoller vos morceaux et d'apaiser votre douleur. « Il m'a envoyé pour guérir ceux qui ont le cœur brisé… », a dit Jésus (Luc 4,18).

Alors votre cœur peut recevoir le don du pardon.

En effet, on ne pardonne pas aux autres, on se laisse prendre par le pardon. Le pardon, c'est Dieu qui nous l'inspire. On ne donne pas le pardon, on le reçoit.

Si vous vous sentez aimé, vous serez capable de pardonner. Quelqu'un qui ne se sent pas aimé ne peut aimer véritablement les autres. Si vous avez l'impression qu'on ne vous a rien pardonné dans votre vie, vous ne serez pas capable de pardonner à d'autres. Bien des crimes viennent de là, de la haine de soi.

Le secret du bonheur

Au lieu de repérer les défauts chez l'autre, essayons de regarder notre connerie et soyons apte à demander pardon. On peut tuer d'un regard, on peut tuer une relation en disant à l'autre : « Tu ne changeras jamais. »

Pardonner, c'est faire confiance. « Pardonner, c'est déchirer la page sur laquelle on inscrivait avec malice ou rage le compte débiteur de son prochain », dit le père Caffarel.

Il y a une très belle histoire à ce propos, qui contient le secret du bonheur…

Deux amis marchent dans le désert. Soudain, ils se disputent et l'un des deux donne une gifle à l'autre. Ce dernier, sans rien dire, écrit sur le sable : « Aujourd'hui mon meilleur ami m'a donné une gifle. »

Ils continuent à marcher, puis trouvent une oasis où

ils décident de se baigner. Celui qui avait été giflé manque de se noyer et l'autre le sauve. Quand l'accidenté reprend ses esprits, il grave sur une pierre : « Aujourd'hui mon meilleur ami m'a sauvé la vie. »

« Quand je t'ai giflé, tu l'as écrit sur le sable, et là tu écris sur la pierre. Pourquoi ? » lui demande son ami.

« Quand quelqu'un te blesse, écris-le dans le sable, les vents du pardon pourront l'effacer. Mais quand quelqu'un fait quelque chose de bien pour toi, grave-le dans la pierre, cela ne disparaîtra jamais. »

N'ayez pas tout faux

Si vous pensez que seul l'amour humain vous unit, vous avez tout faux. Seul l'Amour de Dieu peut le faire. J'ai connu des couples qui auraient pu divorcer et se séparer comme le font des milliers d'autres, mais ils avaient un tel sens du Dieu-Amour qu'ils ont su pardonner les dérives de l'autre et continuent à vivre un amour merveilleux.

Quand on aime et qu'on a confiance, on pardonne, on se donne, et on s'abandonne à la personne aimée. Cette structure est similaire à celle de la messe : on demande pardon avant, ensuite viennent le don de la parole et enfin l'eucharistie, le Seigneur qui se donne à nous.

Dites-vous que personne au monde ne pourra apporter satisfaction totale à vos sens, à votre cœur. Celui ou celle que vous aimez peut vous trahir. Il faut que vous gardiez votre moi très fort. C'est-à-dire votre cœur, votre corps, votre âme, tout ce que vous avez d'unique. Que vous vous appuyiez sur vous-même et que vous alliez au-delà de vous, c'est ça la spiritualité.

Regarde-toi !

Nous trébuchons sans cesse, nous butons sur toutes sortes d'obstacles. Une vie est toujours un combat, si l'on veut arriver à la sainteté. Dites-vous que l'épreuve est une joie puisqu'elle sollicite votre foi et produit en vous la persévérance. Le sacrement de réconciliation est fait pour cela.

Pensez toujours qu'après la chute on peut se relever. Et puis regardez-vous. Si vous êtes honnête, vous savez qu'il est facile d'enfoncer l'autre qui chute, alors que soi-même, on retombe souvent dans les mêmes ornières.

Toi qui te trouves si facilement de bonnes excuses pour te pardonner, essaie de les trouver pour les autres. Tu bâtiras alors un paradis autour de toi.

Les êtres de lumière dont nous manquons tragiquement, ce sont d'abord les êtres de miséricorde : ceux qui pardonnent et demandent pardon.

La vie continue

Quand on a aimé un être, qu'il vous a dit « je t'aime », que vous lui avez répondu « je t'aime », et qu'un jour il s'en va…

Combien de souffrances m'ont été confiées au cours de rencontres fortuites, en voyage notamment. Mais la vie continue malgré la séparation. L'amour traverse l'épaisseur de la haine si vous êtes vraiment chrétien. L'amour rend l'autre à sa liberté dans le couple. Quand on s'aime de façon fusionnelle, on manque de distance, on ne laisse pas l'autre libre, on le veut à soi. Ça, ce n'est pas de l'amour. L'amour véritable assure à l'autre sa liberté.

Apprenez à rouvrir les bras par le pardon. Il y a tant de blessures dans la vie. Chacun est crucifié à l'endroit où il aime. L'amour est un combat, et l'amour est une croix. S'entendre à la perfection, totalement, jusqu'au bout, est un cadeau du Ciel, un cadeau rare.

L'amour fait souffrir. Je n'ai pas besoin de vérifier l'authenticité du saint suaire. Imprimé sur le visage de mes jeunes, je vois le visage du Christ crucifié. Depuis que je suis prêtre, je vois ce visage. J'atteste absolument ce que la mère de Don Bosco disait : « Être prêtre, c'est souffrir, souffrir, souffrir. » Je tente avec mes équipiers de dessiner le visage de l'espérance malgré les multiples handicaps de mes jeunes et de mes anciens.

Pardon n'est pas réconciliation

La faute de l'autre jette un voile sur la confiance qui forme le ciment même de toute relation. La confiance trahie ne peut revenir par décret, injonction ou simple décision de la volonté. La confiance se gagne, se mérite, se construit, en l'occurrence doit se reconstruire. Un homme et une femme qui se blessent gravement ne peuvent reprendre leur relation d'un simple claquement de doigts.

Réconciliation et pardon ne sont pas identiques. La réconciliation suit le pardon, mais elle n'est pas systématique. Si la blessure n'a pas engendré un approfondissement de la relation, si le « fautif » n'a pas fait un travail sur lui-même pour restaurer la relation, alors on aura pardonné, mais on restera séparés.

Les chemins du pardon

Pardonner n'est pas « oublier »

On ne tire pas un trait, on ne « tourne » pas la page, on ne « laisse pas tomber », on ne « raccommode » pas : on n'oublie pas ! Lorsqu'une corde est cassée, on peut y faire un nœud, mais il restera toujours ce nœud à l'endroit où on l'aura réparée. Il faut faire face à ses blessures, puis les soigner par le pardon. Il faut dénicher l'agression enfouie en soi pour la transformer.

Il faut mettre la souffrance à l'extérieur de soi jusqu'au jour on ne souffrira plus. Le Christ est ressuscité, gardant la marque des clous dans ses mains.

Pardonner, n'est pas oublier. Il faut pardonner qui, quoi ? Une égratignure ? Passons. Mais une blessure importante s'enfouit dans notre subconscient. Il y a des offenses qu'il est humainement impossible d'oublier. Le père et la mère voyant leur fille morte, après avoir été violée et blessée cruellement, n'oublieront jamais le spectacle de ce corps. On dit qu'il faut oublier, mais Dieu a créé la mémoire. Il nous donne par l'Évangile la capacité de pardonner, ce qui relève parfois du pur miracle. Mais jamais vous n'oublierez complètement l'offense qu'on vous a infligée. Pourtant, chaque fois que vous repenserez à la faute de l'autre, votre mémoire vous rappellera aussi que vous lui avez pardonné.

La psychologie des profondeurs et la psychanalyse nous rappellent que des blessures oubliées laissent des traces physiques, psychiques, spirituelles, comportementales. Le fait de vouloir étouffer la mémoire peut causer de gros dégâts psychologiques, parce qu'un jour le souvenir ressort. Le philosophe Paul Ricœur disait : « La condition du pardon, c'est la vraie mémoire libérée de la hantise. »

« Oublier, impossible. Il faut se souvenir de tout pour pouvoir pardonner », disait Jorge Semprún. Il faut que la mémoire soit très forte, très précise si l'on veut pardonner vraiment. Dieu seul peut pardonner infiniment. Le Seigneur jette nos fautes au fond de la mer.

Un pardon qui conduit à l'oubli, ou même au deuil, ce n'est pas, au sens strict, un pardon. Celui-ci exige la mémoire absolue, intacte, active et du mal et du coupable.

Jacques Derrida

Un temps pour la colère

Le pardon n'est pas un acte de volonté. Il ne s'agit pas de bander ses énergies comme un arc et d'endosser une armure pour brider ses émotions. Le pardon engage cœur, intelligence et foi. On ne peut pas brûler les étapes. Prends le temps nécessaire pour pardonner, ne brusque pas ce qui se passe en toi. Si tu ressens encore de la colère, dis-toi qu'elle est une émotion que Dieu t'a donnée. La colère n'est pas un péché, elle n'est pas la haine. Éprouver sa colère participe à une démarche de pardon…

Le pardon peut parfaitement compléter une bonne « droite évangélique ». En retraite chez les moines, j'apprends par un éducateur qu'un gars de mon équipe, qu'on logeait et nourrissait, avait attaqué un ouvrier à la sortie d'un métro, avec deux autres copains, et lui avait dérobé son fric, sa chevalière et sa montre.

Furieux, je quitte précipitamment ma retraite et j'arrive à la permanence. Par un grand hasard, l'agresseur était là. Il ignorait que j'étais au courant et me tend la main. Mon poing lui atterrit en pleine face. (Les retraites donnent un sacré punch !) J'ai tout récupéré, tout rendu à l'ouvrier volé et suis retourné à mes prières. Frapper n'est vraiment pas un principe éducatif, mais il arrive qu'il reste l'unique langage. Bonté n'est pas faiblesse. Quand Dieu efface, c'est alors qu'Il commence à écrire…

Reconnaître qu'on a été blessé

J'ai connu certaines personnes qui, ayant souffert d'une injustice, avaient tendance à excuser l'autre et à minimiser sa faute. Parfois l'offensé se sent même coupable, comme dans les cas d'abus sexuels ou de violences contre les femmes. Ce sont là des mécanismes d'autodéfense qui nous permettent de ne pas trop souffrir. On a peur aussi parfois de sa propre colère. On adopte toutes sortes de stratégies pour étouffer les émotions. On excuse l'autre, on lui pardonne vite, trop vite, sans respecter le processus en marche à l'intérieur de nous-mêmes. Pardonner demande du courage : celui de reconnaître sa propre douleur et de la vivre.

Pas de discours lénifiant sur le pardon

Combien de fois, à la fin d'une conférence ou d'une messe, des parents sont venus me dire : « Mon fils a été attaqué par des jeunes à la sortie du lycée, dans la rue, sans raison. Qu'en pensez-vous ? »

Je commence par écouter, séance tenante, l'adolescent agressé. Je sais trop ce qui a été le plus maltraité, dans l'affaire : c'est le « dedans ». je découvre en effet, derrière les yeux au beurre noir ou le nez cassé, des cœurs tuméfiés, parfois haineux, et cette question : « Pourquoi ? Et pourquoi moi ? »

Je leur dis simplement, par une courte et fraternelle visite, que je suis avec eux dans la souffrance. Surtout je ferme ma gueule. Je reste là. Je tiens la main et je regarde ces yeux meurtris avec toute la douceur du monde. Je sais que ça vaut mieux que les discours lénifiants du genre : « C'est pas grave, faut pardonner, c'est un mec qui devait vivre lui-même une grande violence, etc. »

Quelques noms sur un carnet

En pratique, comment faire ? demandez-vous. C'est simple : en s'acharnant à prier pour celui que vous n'aimez pas. Dès demain, allez dans une papeterie vous acheter un joli petit carnet. Inscrivez-y les noms de ceux que vous n'aimez pas. Commencez par prier pour ces personnes.

Il n'est pas possible de vivre dans la haine. Alors, dès demain, lancez-vous. Inscrivez un premier nom. Priez pour cette personne que vous n'aimez pas. N'ayez pas peur, le Seigneur vous donnera la volonté nécessaire.

Dieu fera ce que tu ne peux pas faire

Je me souviens de cette dame toute courbée, grise comme la cendre, qui me rendit visite, un jour, à la Bergerie. Elle m'avait confié qu'elle en voulait à mort à une personne qui lui avait fait un mal fou et que cette haine la rongeait. Elle assurait qu'elle ne pourrait jamais lui pardonner.

Je lui recommandai d'arrêter de lui appliquer toutes sortes de détestables noms d'oiseaux, car, faisant cela, elle ne pouvait qu'alimenter sa colère.

« Essaie de trouver ce qu'elle a de bien !

– À cette s…, impossible ! réplique-t-elle.

– Essaie seulement. »

Non, décidément rien ne lui vient.

« Bon, on se reverra », lui dis-je.

Quelques jours plus tard, comme je reprends la conversation avec elle, je lui propose : « Écoute, ma bonne vieille, ce que tu ne peux pas faire, Dieu le fera pour toi. Quand tu te rends compte que tu détestes l'autre, demande à Dieu qu'Il change ton cœur et Il le fera. »

Quelques mois après, elle revient me voir, toute rassérénée. Et toute droite. Son mal au foie ? Son mal de dos ? Envolés…

Elle me confie qu'elle a longtemps prié, en faisant l'effort, comme je le lui avais conseillé, de ne plus parler de cette personne dans les pires termes.

Et… elle s'est réconciliée.

Avec elle-même.

Avec l'autre.

> *Le pardon est plus qu'un sentiment, c'est une force qui déclenche d'admirables effets.*
>
> Marcelle Auclair

Une patience d'ange

Pardonner à quelqu'un est difficile pour tout le monde, même pour un prêtre. Et que faire si l'autre n'accepte pas votre pardon ? Déjà, sachez-le, vous serez en paix avec vous-même. Selon l'Évangile, quiconque a blessé une personne doit lui demander sincèrement pardon. Si la personne refuse ces excuses, demandez-lui pardon encore une fois, et puis laissez-la digérer sa rancune.

Il faut être patient. Dites-vous que celui qui a été offensé progresse à son propre rythme.

Il m'est arrivé un jour quelque chose de cet ordre. J'avais engueulé Bill, un jeune gars. Certes fortement, mais à mon sens il le méritait. Un de nos amis communs vint me voir. Il prétendait que j'avais exagéré. Alors que je lui rappelais le motif de l'engueulade, il ne voulut pas m'entendre et me déclara :

« Guy, si tu ne lui demandes pas pardon, je ne te parle plus.

– Je regrette, mais tu devrais te mêler de tes affaires, lui répondis-je. Je maintiens ce que j'ai dit : ce que Bill a fait est trop grave pour que je passe l'éponge aussi vite. »

Quelque temps après, l'erreur commise était oubliée et nous étions, Bill et moi, redevenus copains comme cochons. Tout était rentré dans l'ordre, sauf que notre ami commun ne voulait plus, lui, me parler. Il me reprochait maintenant d'avoir rétabli une bonne entente avec celui que j'avais insulté.

Pendant dix-huit ans, il m'a fait la tête ! Trouvant sa rancune disproportionnée, je lui ai écrit deux fois par an. Parfois les lettres me revenaient. Quand je tentais de lui téléphoner, il raccrochait. Et puis, un jour, il m'a répondu :

« Comment vas-tu, Guy ?

– Bien, très bien. »

J'avais terriblement envie de lui dire quel sacré enfoiré il était de ne pas m'avoir parlé depuis si longtemps, mais je me suis retenu.

La patience avait fini par payer.

La compassion demande non seulement de la patience, mais aussi une attention extrême. Il ne faut pas fuir le regard de l'autre après une insulte ou une blessure. La profondeur du regard est très importante. Elle vaut mieux que tous les mots du monde.

Si vous avez pardonné ou si vous demandez pardon à quelqu'un, regardez-le. Mais avec toute la tendresse possible, pas pour le braver.

Le silence parle

Tout silence parle et pardonne. Le silence de l'offense a cette capacité miraculeuse de pulvériser, ne serait-ce qu'un instant, la violence de l'offenseur. Devant l'injure, la calomnie, la médisance, le silence a valeur d'éternité.

Ce silence dit le respect immense de l'agressé vis-à-vis de l'agresseur. Parce que ce dernier sait absolument qu'il écrase, piétine, flagelle. En se taisant malgré l'affront qui lui est fait, l'offensé révèle à celui qui le blesse sa propre blessure et le soigne mystérieusement.

Le silence a cette vertu étrange de révéler l'amour insondable qu'on porte à un être profondément blessé.

Par la rencontre et le regard

Laissez l'individu se juger lui-même. C'est d'une grande habileté psychologique : ne pas trancher, aider la personne à découvrir au fond d'elle-même ce qu'elle doit faire.

Grand psychologue doublé d'un sacré psychiatre, Jésus ne demandait jamais d'honoraires. Si… un seul : « Va, ne pèche plus. Tu es pardonné. Pardonne à ton tour et aime à tout casser. »

La confession

Psychologues, psychanalystes, thérapeutes de tout poil voient leurs « confessionnaux » envahis. Seulement, à la sortie, c'est la même solitude qui attend le patient, parce que, une fois ses faiblesses écoutées, il ne reçoit aucune parole de pardon.

Confession et solitude

Croire au pardon de Dieu, donné en Son nom par un homme lui-même pécheur qui a reçu mission de nous dire : « Tes péchés sont pardonnés. Va en paix », c'est tout autre chose que la solitude. Cette foi doit nous donner des ailes, et la joie de savoir que tout renaît, tout est neuf, tout redémarre. Il n'y a rien de plus beau que le pardon ! Il nous sort de la prison où nous tient le péché, pour nous faire entrer dans la joyeuse foule des sauvés.

La confession est l'un des antidotes les plus sûrs à notre orgueil, à notre pauvreté et à notre solitude.

Le sacrement de réconciliation

N'oublie pas de vider tes poubelles intérieures devant un prêtre. Il est pécheur comme toi, mais il a reçu la formidable possibilité, au nom du Christ, de te pardonner tes péchés.

« Si nous sommes pleins du péché, Dieu ne peut nous remplir, car Dieu Lui-même ne peut remplir ce qui est plein. Voilà pourquoi nous avons besoin du pardon : nous nous vidons, et Dieu nous remplit de Lui-même », disait Mère Teresa.

Le sacrement de réconciliation est un sacrement très important dans l'Église. Actuellement, le peuple chrétien ne semble pas attiré par ces placards plutôt sombres, devenus la demeure des araignées. En revanche, les médias « confessent » à grand renfort de caméras et de micros, ils n'ont de cesse de confesser publiquement, en live, plus particulièrement tout ce qui a trait au « péché de la chair ». Cette confession-spectacle, cette théâtralisation de la confession est représentative du XXIe siècle. Les médias mettent aux oubliettes le jardin secret de l'homme et de la femme dignes de ce nom. La merveille et le mystère des affects du cœur et du corps sont bafoués à longueur d'images.

À dix mille mètres d'altitude

Le sacrement de réconciliation est non seulement très important, mais inédit. Dans quelle autre religion des gens se mettent-ils à genoux devant un homme pour s'entendre dire : « Je te pardonne tes péchés au nom du Père et du Fils et du Saint-Esprit » ?

Je ne confesse pas souvent et pourtant… Quand je prends l'avion, je demande toujours à l'hôtesse de laisser libre le siège à côté de moi (si l'avion n'est pas plein), de façon que je puisse faire mon secrétariat. Or, il arrive assez souvent que des gens viennent soudain s'y asseoir et me disent : « Père, confesse-moi. » Je peux vous assurer que c'est un moment merveilleux pour moi de confesser à dix mille mètres d'altitude. Cette proximité divine, dans les nuages, est très puissante. Et cette intimité de l'avion, très belle. Ils laissent leur putain de portable ou leur ordinateur, et ils étalent leurs turpitudes pour que je leur donne le pardon du Seigneur.

Le péché est un lien, un nœud spirituel, la confession « dénoue le lien ». La confession permet de se dénouer du mal de sa faute.

Le rocher blanc de Faucon

Il y a un rocher blanc que j'aime bien à Faucon, dans la Bergerie. Il domine le zoo et de là on peut contempler les bêtes qui s'ébattent. Je me cale contre lui et j'admire le paysage. Combien de fois quelques chrétiens, mais surtout des jeunes musulmans, m'y rejoignent et me racontent les ombres et les lumières de leur vie. Dans mon cœur, je leur dis : « *Absolvo te* », « Je te pardonne tes péchés ». Et je suis sûr que le Seigneur leur pardonne.

Je crois qu'il faudrait revenir au rituel que, pendant un temps, l'Église avait permis : que les gens demandent pardon au début de la messe, en priant dans leur cœur, et que le prêtre leur donne une absolution, sauf pour les péchés graves qui seront confessés devant un prêtre.

Pardonner vaut plus qu'avoir raison

M'accepter moi-même
Tel que je suis et dans la joie.

Regarder davantage ce que j'ai reçu
Pour en rendre grâce,
Que ce qui me manque
Encore pour m'en plaindre…

Accepter l'autre tel qu'il est,
En commençant par le plus proche :
Mon mari ou ma femme,
Mes parents, frères et sœurs,
Mes voisins et ma famille.

Dire du bien de l'autre
Et le dire tout haut.

Ne jamais me comparer à un autre,
Car la comparaison
Ne pourra mener qu'à l'orgueil
Ou au découragement.

Vivre dans la vérité :
Appeler le bien, bien
Et le mal, mal.

Résoudre les conflits
Non par la force,
Mais en se parlant,
Et ne pas se monter la tête
Par un monologue intérieur,
Ni se plaindre
Ou dire du mal de l'autre en son absence,
Mais entrer aussi vite que possible
Dans un vrai dialogue avec lui.

Dans le dialogue,
Commencer par ce qui unit,
Pour ne passer
Qu'ensuite à ce qui oppose.

Prendre l'initiative du dialogue
Et essayer de se réconcilier le jour même.
« Que votre colère ne dépasse pas le coucher du soleil »
Écrivait saint Paul (Ép. 4, 26).

Croire fermement
Que « pardonner » vaut plus
Qu'« avoir raison ».

Cardinal Daneels

Demandons chaque jour à Dieu qu'Il change notre cœur quand nous détestons l'autre, et Il le fera. Cherchons les qualités chez notre pire ennemi…

À l'école du curé d'Ars

Le curé d'Ars, saint patron des prêtres, était maître dans trois domaines : la prière, l'eucharistie et le sacrement de réconciliation.

La sainteté s'obtient par l'humilité, par la pauvreté, par la prière, par l'eucharistie, par le sacrement de réconciliation. Le curé d'Ars ajoutait quelque chose de très caractéristique. Il disait toujours : « Il est là » en montrant le tabernacle. Jésus est là, le Fils de Dieu est là, enseignait-il.

Nommé en 1827 à Ars, un petit village de quelques centaines d'habitants où l'on était hostile aux curés, il se renfermait dans son église et priait beaucoup. Il voyait que son église était dépeuplée et que les habitants n'accrochaient pas à ses discours.

En 1858, soit trente et un ans plus tard, cent mille pèlerins se rendaient à Ars ! L'année d'avant sa mort, cent mille personnes venaient prier avec lui.

Au début il était devant le saint sacrement tous les jours. Il priait sans cesse, il visitait les malades, il allait voir les paysans dans les champs, les paroissiens chez eux. Il arrivait souvent au moment où les gens mangeaient. Il acceptait un morceau de pain, une pomme de terre, rien du tout. Il était là.

Vous avez oublié ceci !

Il savait prêcher, mais il n'a jamais réussi à apprendre le latin. En revanche, son intelligence pratique était remarquable, très développée. Il avait un discernement d'enfer, une grande finesse. Quand quelqu'un en se confessant contournait des aveux difficiles, il disait : « Vous avez oublié ceci. » Il devinait dans les consciences. On raconte que souvent des gens sortaient en pleurant du confessionnal, complètement changés, parce que le curé d'Ars lisait dans les âmes.

Sa parole était percutante, poignante, touchante car il parlait au cœur des gens. La force de l'Évangile l'empoignait, il prenait quelques points de repère sur une feuille et il y allait plein pot ! Et même s'il se trompait de temps en temps, les vieilles taupes s'en foutaient. L'important, ce sont les vibrations qui animent notre prédication. Si nous avons le feu de Dieu, les autres sont brûlés par notre parole.

Le cri de l'ange et le cri de la bête

Il prêchait sur deux choses : sur l'eucharistie et le sacrement de réconciliation qui sont les deux mamelles de l'Église.

Il a dit des phrases absolument superbes sur la prière. Il avait ce talent de concevoir des phrases courtes, bourrées de sens : « La prière c'est le cri de l'ange, le péché c'est le cri de la bête. Si l'on pouvait prier en enfer, l'enfer n'existerait plus. »

À la fin de sa vie il passait de quinze à dix-sept heures par jour dans son confessionnal. Les gens attendaient des heures interminables pour se confesser à lui parce qu'il avait ce don particulier, parce qu'il avait la miséricorde dans le cœur et dans tout son être. Il libérait et guérissait une multitude de gens. Sa sainteté était remarquable.

Il était un maître de la miséricorde, du sacrement de réconciliation. Nous cherchons aujourd'hui de tels maîtres de la miséricorde. Confesser les gens est un très grand sacrement. Lui avait le charisme de la réconciliation.

Un florilège de pardons

« La miséricorde de Dieu est comme un torrent débordé, elle entraîne les cœurs sur son passage. »

« Ce n'est pas le pécheur qui revient à Dieu pour Lui demander pardon, mais c'est Dieu qui court après le pécheur et qui le fait revenir à Lui. »

« Le bon Dieu est toujours disposé à nous recevoir, Sa patience nous attend. »

« Nos fautes sont des grains de sable à côté de la grande montagne de la miséricorde de Dieu. »

« Il y en a qui disent : "J'ai trop fait de mal, le bon Dieu ne peut pas me pardonner." C'est un gros blasphème, c'est mettre une borne à la miséricorde de Dieu, qui n'en a point. La miséricorde de Dieu est infinie. »

« C'est notre orgueil qui nous empêche de devenir des saints. Que diriez-vous d'un homme qui travaillerait dans le champ du voisin et laisserait le sien inculte ? Eh bien, voilà ce que vous faites ! Vous fouillez continuellement dans la conscience des autres, et vous laissez la vôtre en friche. »

« La porte du ciel est fermée à la haine. »

« Ce ne sont ni les longues ni les belles prières que regarde le Seigneur, mais celles qui viennent du fond du cœur avec un grand respect et un véritable désir de plaire à Dieu. »

« Ne dites pas que vous n'en êtes pas dignes. Vous

n'en êtes pas dignes, c'est vrai, mais vous en avez tellement besoin. »

« Donnons donc cette joie à ce bon Père : revenons à Lui… et nous serons heureux. »

« Il y en a qui prêtent au Père éternel un cœur dur. Oh, comme ils se trompent ! Le Père éternel, pour désarmer Sa justice, a donné à Son Fils un cœur extrêmement bon : on ne donne pas ce qu'on n'a pas… »

« Quand le prêtre donne l'absolution, il ne faut penser qu'à une chose ; c'est que le sang du bon Dieu coule sur notre âme pour la laver, la purifier et la rendre aussi belle qu'elle était après le baptême. »

« Le bon Dieu au moment de l'absolution jette nos péchés derrière Ses épaules, c'est-à-dire Il les oublie, Il les anéantit : ils ne reparaîtront plus jamais. »

« Il ne sera plus parlé des péchés pardonnés. Ils ont été effacés, ils n'existent plus ! »

Le curé d'Ars ouvrait le chemin de la sainteté. Il disait que les saints n'avaient pas tous bien commencé, mais qu'ils avaient tous bien fini.

Pardon et mort

Nous sommes voués à la vie éternelle, sans pour cela devoir mépriser la vie terrestre. N'oublions pas que, si le Christ s'est incarné pendant trente-trois ans, c'est qu'il aimait la terre, pour nous conduire au Ciel.

Pour ne pas dire « si j'avais su »

Le décès d'un proche est souvent source de regrets. On se dit qu'on n'a pas su pardonner ou demander pardon à la personne disparue. On voudrait anéantir cette culpabilité qui nous ronge. On pense souvent : « J'aurais dû lui dire… »

Quand quelqu'un est mort, on lui trouve des qualités qu'on ne lui trouvait pas souvent sur terre. Nous sommes ainsi.

Quelqu'un m'a écrit ceci : « Ma mère est morte un matin alors que nous ne savions pas que sa maladie était très avancée et qu'elle était condamnée. Nous n'avons rien compris sur le coup et ce fut un choc terrible. Nous n'avons pas pu lui dire au revoir. J'aurais voulu me préparer, tenir la main de maman, faire en sorte qu'elle ne meure pas seule un matin. Savoir que la mort est proche permet aussi de dire beaucoup de choses souvent importantes et que l'on pourrait regretter ensuite de ne pas avoir dites. Que l'on s'aime, que la vie est belle malgré tout, que Dieu nous protège. »

Une autre personne m'a dit : « Mon père est mort très angoissé et nous n'avons pas pu calmer cette angoisse. Tout autour de lui nous faisions comme s'il n'allait pas mourir. Finalement on a tout raté. »

On fait le deuil du défunt, mais c'est souvent le deuil d'une relation non accomplie. Pourquoi savons-nous si mal dire à nos proches l'amour que nous leur portons ? Celui ou celle qui s'en va a tant besoin de communion intime avec les siens. Souvent on n'ose pas leur dire : « Je t'aime. » On reste loin du lit de l'agonisant ou on n'ose même pas entrer dans la chambre. Plus on est attaché à celui ou celle qui va mourir, plus on refuse sa mort. Il est difficile de veiller l'agonie d'un être cher.

Accomplir des gestes de douceur et de tendresse, les femmes savent souvent mieux le faire que les hommes. Savoir dire : « Je te pardonne » ou : « Je te demande pardon » est fondamental.

Soulagée et en paix

Une femme qui avait été victime d'un père incestueux était venue me voir pour me dire que jamais elle ne lui pardonnerait. Je lui ai recommandé d'essayer de demander à Dieu de le faire pour elle : « Demande à Dieu ce que toi tu ne peux pas faire. Essaie de demander à Dieu de faire l'effort. » Et le miracle a eu lieu, deux jours avant sa mort, elle est allée voir son père. Il ne parlait plus. Elle lui a dit qu'elle lui pardonnait et elle a vu des larmes couler longuement sur le visage de son père. Cette femme est repartie vraiment très heureuse ce jour-là, soulagée et en paix. Elle a vu que son père, à qui elle n'avait pas pardonné depuis plus de trente ans, avait entendu et qu'il irait en paix vers la mort.

Franck est un ami. Les années passaient sans qu'il voie son père. Je lui disais : « Merde, n'attends pas que ton vieux meure. » Huit jours avant la mort, alors que son père allait bien, il est allé le voir. La joie de Franck d'avoir pu communiquer avec son père alors que depuis longtemps ils ne se parlaient plus a été très intense.

> *La tombe est un obstacle à tous les regrets, à tous les pardons.*
>
> Henry Roth

L'extrême-onction

Ce sacrement n'est pas celui des morts, mais celui des vivants souffrants. Ceux qui souffrent dans leur corps, dans leur cœur, dans leur esprit. Dans l'Évangile on voit le Christ guérir toutes les maladies…

Le sacrement des malades entraîne parfois une rémission importante. Il apaise aussi. Quand on sent que la mort n'est plus très loin, c'est important de partir en paix. Parfois ce sacrement guérit complètement, ce qui est rare. Le pardon des péchés aussi est donné par le sacrement des malades.

Dans beaucoup de paroisses se tient une célébration communautaire du sacrement des malades, où s'exprime une solidarité concrète entre malades et bien-portants. Le sacrement des malades prend tout son sens.

L'extrême-onction, par le passé, signifiait : « On va crever. Vite, allons chercher le curé. » D'ailleurs, pour ne pas effrayer le mourant, on appelait le curé juste après le dernier soupir. Sinon, c'était la mort qui arrivait en même temps que le prêtre. Quand j'étais petit, j'avais accompagné un curé à une extrême-onction. Le malade disait : « Je ne savais pas que j'étais si malade. » Les gens avaient très peur de ce sacrement.

Aujourd'hui, c'est différent. Je ne dis pas que les gens reçoivent tous joyeusement le sacrement des malades, mais maintenant ils y voient le sacrement des vivants. Aujourd'hui, il est personnel et communautaire. Dans certaines paroisses, les gens souffrants ou âgés se réunissent.

C'est aussi un sacrement qui peut être donné plusieurs fois. Par exemple, ma mère l'a reçu deux fois.

Le sacrement des vivants

Le sacrement des malades est tiré de l'Évangile. Saint Jacques (5-14) : « Si l'un de vous est malade, qu'il fasse appeler les anciens de la communauté, ils prieront pour lui en pratiquant une onction d'huile au nom du Seigneur. Leurs prières inspirées par la foi sauveront le malade, le Seigneur le relèvera et s'il a commis des péchés, ils lui seront pardonnés. »

Le catéchisme de l'Église catholique précise que l'onction des malades n'est pas seulement le sacrement de ceux qui se trouvent à toute extrémité, mais il commence quand un fidèle se trouve en danger de mort ou simplement malade par suite d'affaiblissement physique ou de vieillesse. Ce sacrement est un soutien pour l'âme et le corps. Il n'est pas rare que la personne se sente mieux après l'avoir reçu. Un aumônier disait qu'il avait donné le sacrement des malades à un vieil homme à demi conscient, et huit jours plus tard la famille le convoquait de nouveau pour constater qu'il allait mieux. « Si vous saviez comme il est heureux. »

Une autre fois, une dame demande si son mari en réanimation peut recevoir le sacrement. Elle n'y croit pas elle-même, mais elle sait que son mari y croit. Quelques jours après la dame vient voir le prêtre et lui dit que son mari est ressuscité : il est sorti de la réanimation et il va mieux.

Il faut démystifier le côté magique du sacrement. Ce n'est pas un médicament, c'est une aide pour affronter l'épreuve. Beaucoup de gens se sentent apaisés après le sacrement des malades. Je l'ai vu chez ma mère. Presque toujours, ce sacrement apporte une paix intérieure très forte. Dans la bouche des malades on entend des mots comme « C'est une joie », « C'est une paix, une force du Seigneur ».

Le Seigneur rejoint tout être. Quelqu'un me disait un jour : « Je pensais aimer Dieu, mais j'ai découvert avec le sacrement des malades que Dieu m'aime. »

« Viens avec moi au Paradis »

Dans la célébration de la messe, au moment de la préparation pénitentielle, le prêtre fait appel au pardon du Seigneur en ces termes : « Que Dieu tout-puissant nous fasse miséricorde ; qu'Il nous pardonne nos péchés et nous conduise à la vie éternelle. Amen. »

Et pourtant, je ne vous dis pas la peur qu'on nous faisait avec l'enfer quand j'étais petit !

Mystère du pardon

Est-ce une peine définitive ? Dans son livre *Entrez dans l'espérance*, Jean-Paul II avait osé écrire : « La possibilité de la damnation éternelle est affirmée dans l'Évangile sans ambiguïté. Mais dans quelle mesure cela s'accomplit-il réellement dans l'au-delà ? C'est finalement un grand mystère. » Si Jean-Paul lui-même se posait la question !

Souvent, on me demande : « Et Hitler, Staline, Pinochet ? Et Judas que le Seigneur a appelé “mon ami” ? Où sont-ils maintenant ? Sont-ils au Ciel ? »

Grande question… Certains pourraient se dire que finalement on peut voler, violer, torturer, massacrer tous ceux qu'on voudra puisque au final on sera pardonné après un stage de reconversion au purgatoire…

À cette interrogation légitime, je n'ai pas de réponse. La miséricorde divine est infinie, c'est le mystère entre l'homme et Dieu.

Dieu étant Dieu, à Lui de résoudre ce problème ! Nous, on tâtonne et, avec notre intelligence humaine, on cherche à décrypter ce mystère insondable.

« Je te le dis en vérité, tu seras avec moi ce soir même au Paradis. » Combien de personnes m'ont fait remarquer que cette phrase était incroyable, invraisemblable ! Le Christ s'adresse au bandit crucifié à côté de lui. La racaille de l'époque, si vous préférez. Celui-ci demande juste pardon, et il va au Paradis.

C'est tout simplement l'essentiel du christianisme. Chaque jour et jusqu'à la dernière seconde, le Seigneur nous attend et, si nous nous repentons sincèrement, le pardon nous est accordé. C'est la grande merveille du don de la miséricorde de Dieu. Le mystère du dernier coup d'œil qui sauve. Cela veut dire que rien n'est jamais perdu, que personne n'est irrécupérable.

Personne n'est perdu.

Repartir neuf

Les chrétiens doivent se souvenir du geste incomparable de Jésus-Christ sur la croix. « Tes péchés sont pardonnés puisque tu demandes pardon, dit-il au bon larron. Viens avec moi dans le paradis. »

J'entends déjà le bon citoyen me dire, la bouche en cœur : « Et moi qui n'ai fait de mal à personne, qui suis-je alors aux yeux de Dieu ?

– Tu es quelqu'un qui vogue vers la sainteté avec la grâce de n'avoir pas trouvé trop d'obstacles pour grandir en Dieu. Ne te compare pas à ton frère. Ne le juge pas. »

Le pire des assassins, s'il se repent, peut repartir neuf dès qu'il a demandé pardon.

Le bon larron

Tous les publicains et les gens de mauvaise vie s'approchaient de Jésus pour l'entendre. Et les pharisiens et les scribes murmuraient : cet homme accueille des gens de mauvaise vie et mange avec eux. Mais Jésus leur dit cette parabole : « Quel homme d'entre vous, s'il a cent brebis, et qu'il en perde une, ne laisse les quatre-vingt-dix-neuf autres dans le désert pour aller après celle qui est perdue, jusqu'à ce qu'il la retrouve ? Lorsqu'il l'a retrouvée, il la met avec joie sur ses épaules et, de retour à la maison, il appelle ses amis et ses voisins, et leur dit :

"Réjouissez-vous avec moi, car j'ai retrouvé ma brebis qui était perdue." De même, je vous le dis, il y aura plus de joie dans le ciel pour un seul pécheur qui se repent, que pour quatre-vingt-dix-neuf justes qui n'ont pas besoin de repentance » (Luc 15, 1-7).

La pédagogie de la croix

La joie est la guérison profonde de la mémoire. La joie, c'est le pardon. Je connais des gens qui ont pardonné après des années de rancune et de haine. Quelle joie vivent-ils après ! Les obstacles à la joie, c'est de baisser les bras après un échec, de se sentir impuissant à la suite d'une faute, et surtout de perdre confiance en un Dieu qui s'occupe de chacun de Ses enfants. La cause majeure de la disparition de toute joie est le découragement.

Sachez que pas un oiseau ne tombe d'un toit sans que Dieu ne s'en soucie ! Il nous l'a promis.

La joie de la louange est assez nouvelle dans l'Église. Être en état de louange est très beau : c'est louer Dieu en quelque situation que l'on se trouve.

Louons Dieu et Il nous apportera la joie.

La route du bonheur, c'est l'année liturgique : l'Avent est le temps de la pénitence qui nous amène à Noël, le carême celui qui nous conduit à Pâques.

L'année liturgique est faite de joies !

Vivez le présent, en acceptant les difficultés et les

souffrances, en ayant sans cesse une parole de louange vis-à-vis de Dieu.

Alors, j'en suis certain : Il vous donnera la joie.

J'ai aimé cette formule d'absolution que m'a donnée un jour un prêtre : « Reçois, Guy, le pardon de Dieu. Reçois Sa joie et Sa tendresse. »

Récapitulatif des conseils

• Inscrivez sur un cahier les noms de ceux que vous ne pouvez pas souffrir, et priez pour eux en priorité.

• Priez pour que le Christ vous apprenne à pardonner.

• Pardonnez « soixante-dix-sept fois sept fois », c'est-à-dire à l'infini.

• Priez pour les hommes de mauvaise volonté.

• Dieu fera ce que vous ne pouvez faire.

• Faites appel à votre ange gardien.

• Nos vies sont faites de pardons, à donner et à recevoir.

• Vous serez pardonné un jour à la mesure de votre pardon donné sur terre.

• Pardonnez en laissant à l'autre un espace d'expiation.

• On ne pardonne pas aux autres, on se laisse prendre par le pardon.

• Laissez toujours, par la rencontre et le regard, l'individu se juger lui-même.

• Dites « Je t'aime » si vous voulez être aimé.

• Avant de vous endormir, prenez le cachet du pardon, vous ferez de beaux rêves.

• Pardonner demande du temps et du silence.

• Pardonner n'est pas « tourner la page ».

• Ne soyez pas celui ou celle qui donne, mais celui ou celle qui porte.

• Annoncez Dieu par la bonté.

• Accomplissez des actes de bonté gratuite.

• Si vous faites l'effort d'aller toujours vers celui ou celle que vous n'aimez pas, alors vous grandirez dans l'amour.

• Faites le premier pas.

• L'étranger est un frère qui vous est proposé.

• Ne supportez pas l'autre, portez-le.

• Ouvrez les bras, ouvrez votre porte.

• L'ennemi est parfois votre prochain le plus proche.

• Dans tout pardon, il y a travail de deuil.

• Faites face à vos blessures, puis soignez-les par le pardon.

• Ressentir de la colère fait partie de la démarche du pardon.

• Essayez chaque jour de jeter sur l'autre un regard neuf.

• Ce n'est pas un fardeau que l'on porte, c'est son frère.

• Retenez les plus petits actes de vertu que vous voyez pratiquer.

• Quand quelqu'un vous blesse, écrivez-le dans le sable, où les vents du pardon pourront l'effacer.

• Quand quelqu'un fait quelque chose de bien pour vous, gravez-le dans la pierre.

• Ne jetez personne dans la poubelle familiale.

• Videz vos poubelles intérieures devant un prêtre.

• Pardonner vaut plus qu'avoir raison.

Bibliographie

BOUDET Paulette, *Soixante-dix-sept fois sept fois*, Sarment, 1990.

BOUDET Paulette, *Le Pardon, chemin de vie*, Éditions des Béatitudes, 2002.

GILBERT Guy, *Rallumez le feu !*, Philippe Rey, 2007.

GILBERT Guy, *Mes plus belles prières*, Philippe Rey, 2008.

GIRTANNER Maïti, *Même les bourreaux ont une âme*, Éditions de la Loupe, 1996.

LE GALL Robert, *Miséricorde*, Bayard, 2009.

HUBAUT Michel, *Le Pardon, ses dimensions humaines et spirituelles*, Desclée De Brouwer, 2007.

MARLIANGEAS Bernard-Dominique, *Culpabilité, péché, pardon*, Le Cerf, 2005.

MONBOURQUETTE Jean, *Comment pardonner ?*, Bayard, 2001.

Mère TERESA, *La Joie du don*, Seuil, 1975.

TUTU Desmond, *Il n'y a pas d'avenir sans pardon*, Albin Michel, 2000.

WEIL Simone, *La Pesanteur et la Grâce*, Pocket, 1991.
WIEL Dominique, *Que Dieu ait pitié de nous*, Oh Éditions, 2006.

Table

Cet ouvrage a été achevé d'imprimer
en juin 2015 dans les ateliers de Corlet
à Condé-sur-Noireau

N° d'imprimeur : 174353
Dépôt légal : juin 2010
ISBN : 978-2-84876-162-6
Imprimé en France